TIBET

Olaf Schubert

Vorwort

„Wenn du nach Tibet gehst, lass dir Zeit, öffne deine Augen, öffne deine Ohren und nimm alles mit allen Sinnen wahr. Aber vor allem, bilde dir nicht ein zu schnelles Urteil über das, was du siehst."

In den letzten 15 Jahren konnte ich mich einlassen auf ein Land, das für mich so besonders ist wie kein zweites. Und mittlerweile kommt mir auch das „Wie eine zweite Heimat" ganz selbstverständlich und leicht über die Lippen. Wenn man dann nach all den Jahren über das Land etwas zu Papier bringen soll, es in Worte kleiden, dann erscheint einem anfangs jedes Wort für Tibet viel zu winzig, zu nichts sagend, einfach zu gewöhnlich. Man streicht immer wieder die eben noch für gut geheißenen Worte durch und sucht nach einem neuen, noch besseren Anfang für dieses Buch. Ganz klar, mit der Fotografie fällt mir diese Aufgabe leichter. In ihr habe ich für Tibet meine Sprache gefunden.

Tibet. Ist es nun die raue Gewaltigkeit des Himalayas, die Klarheit des Lichtes, diese unfassbare Weite? Oder ist es das spartanische Leben der Nomaden, die Begegnung mit den Menschen der verschiedenen Regionen Tibets, den Bauern, Viehhirten und den Städtern? Ist es der Spagat zwischen Langsamkeit und rasantem Wechsel, zwischen der Mächtigkeit der Natur und dem Kleinen des Lebens? Oder lässt einen diese Region auf Grund der politischen Brisanz keine Ruhe? In Europa konfrontiert sie mich immer aufs Neue mit der Bitte um Ansichten, Erklärungen und Stellungnahme, es ist diese ewige Suche nach dem „Verstehen wollen", nach dem „Richtig und Falsch", nach dem „Gut und Böse". Diese Art von Suche jedoch wird dem Besucher den Zugang in dieses Land versperren. Differenziert und vielfältig wie der Himalaya selbst sind die Antworten auf viele Fragen.

Ich bin heute sehr dankbar, so oft und so vielfältig an den verschiedenen Punkten dieser Region zu allen Jahreszeiten mit meinen Kameras gestanden zu haben. Jahreszeiten der Natur und Jahreszeiten eines politischen Klimas, welches sich in den 15 Jahren, in denen ich Tibet besuche, immer wieder verändert hat. Über 50 Reisen hinein in den Himalaya haben mir einen rasanten Wandel eines einst noch abgelegenen Hochplateaus gezeigt. Lebenswelten und Infrastruktur unterliegen heute einem schnellen Umbruch. Geblieben sind die Landschaft in ihrer Dimension, ihrer Einzigartigkeit. Mich interessiert diese Spannung aus Veränderung und Tradition, sie hält mich wach und lässt mich neugierig beobachten – am liebsten mit der Kamera!
Ein Teil meiner Arbeiten der letzten Jahre ist nun hier abgedruckt … eine Bilderreise durch ein besonderes Stück Erde.

Olaf Schubert

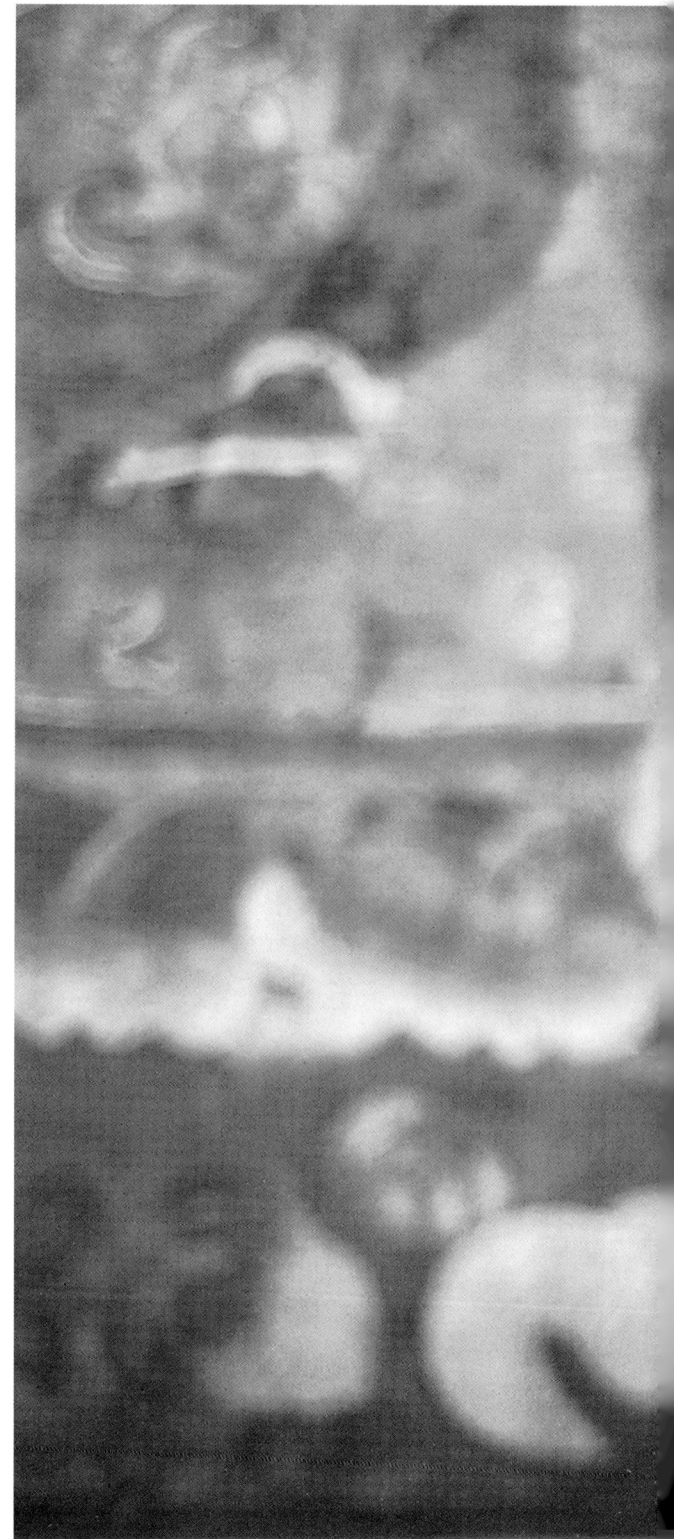

FANTASTIC
SPORT

84

JUNLI
靠科技求发展

数量：288节 毛重：23kg 净重：22kg
体积：420 X 275 X 195mm
销售热线：0571-63415490

羊八井地熱溫泉簡介
售票

不甘落后

环
境

Bildverzeichnis

Vorderes Umschlagbild
Yamdrok Yutso, Zentraltibet

Vorsatz
Nomadencamp in den hohen Bergen Osttibets, Kongpo

7 Eingangstür zur großen Versammlungshalle im Nonnenkloster Ani Tshamkhung, Lhasa

9 Tibetische Frau bei morgendlichem Gebet auf der Kora bei Kloster Labrang Tashikyil, Xiahe, Amdo (heute Gansu)

10 Gewitter am Ufer des Namtso, „Himmel-See“ (4627 m)

11 Teil des Nordklosters in Sakya („Graue Erde“). Die Sakyapa Schule ist eine der großen Schulen des tibetischen Buddhismus.

12 Unterwegs zu den Salzseen der Provinz Ngari, Westtibet

13 Pferderennen in Nakchu

14 Tibetischer Dorfjunge, Terdrom

15 Alte Yakhautboot-Fähre über den Kyichu in Lhasa

16 Opfergaben, wie kleine in Khataks gehüllte Buddhafiguren, werden an der „Wand der tausend Buddhas“ hinter dem Chakpori in Steinspalten gelegt, Lhasa

17 Gebetsmühlen, die von Gläubigen, Mönchen und Pilgern immer im Uhrzeigersinn in Bewegung gesetzt werden. In den Gebetszylindern befinden sich auf Rollen geschriebene Gebete. Mit jeder Umdrehung gelten diese als gesprochen. (hier im Kloster Sakya)

18 Pombori, heiliger Berg bei Lhasa

20 Chörten am Höhlenkloster Drak Yerpa bei Lhasa

21 Mönche des Gelupa-Klosters in Labrang

22 Kleine in Stein gehauene und gemalte Buddhafigur

23 Chörten nahe dem Kloster Reting nach einem Schneeeinbruch, Zentraltibet

24 Abendlicht auf den Bergformationen auf der Kailash-Kora, Ngari, Westtibet

25 Gebetsfahnen in den Wäldern Osttibets bei Namse, Kongpo, Südosttibet

26 Mönchsorchester während des Cham-Festes, Kloster Tsurpu, Zentraltibet

27 Nonnenkloster Terdrom, Zentraltibet

28 Drosotschemar zum Neujahrsfest, Losar, im Kloster Samye, Zentraltibet

29 Glocke und Vajra symbolisieren Weisheit und Mitgefühl in tantrischen Ritualen

30 Nomade beim Pferdefest von Nakchu

31 Nomade beim Pferdefest von Nakchu

32 Frauen in tibetischer Tracht

33 Pilger am Namtso bei Tashidor

34 Fassaden in grau und rot-weißen Streifen sind typisch für das Straßenbild der Klosterstadt Sakya, Zentraltibet

35 Pferdegespann in der Klosterstadt Sakya

37 Mt. Everest (8850 m), von den Tibetern Chomolungma („Göttliche Mutter Erde“) genannt, im Mondlicht

38 Berglandschaft mit Ruinen vergangener Jahrhunderte auf der Hochebene nahe Gurtso bei Tingri

39 Ruinen der Festung Tsaparang im alten Königreich Guge im Sutley-Canyon, Ngari, Westtibet

40 Junge Nomadin mit Yakherde in den Bergen des winterlichen Karolapasses, Yamdrok Yutso, Zentraltibet

41 Pilger am heiligen Namtso

43 Cho Oyu (8188 m)

44 Manisteine am Pilgerort Tirthapuri, Ngari, Westtibet

45 Pferd vor den Chörten des Pilgerortes Tirthapuri, Ngari, Westtibet

46 Himalayahauptkamm mit heiligem See Rakshas Tal von Darchen aus, Ngari, Westtibet

48 Berglandschaft am Gungtangla Pass nahe Saga, Lato, Westtibet

49 Chörten des Klosters Rongbuk vor dem Mt. Everest (8850 m)

50 Tibetische Hirtenkinder vorm Yarlung Tsangpo, Shigatse County

51 Nomadenfamilie mit Truck, Nyenchen Tanglha Gebirge, Damshung

53 Tibetische Pilgerin im Kloster Seralung, Ngari, Westtibet

54 Buttertee wird in Nomadenzelten auf einfachen Lehmöfen zubereitet

55 Tsampa ist Mehl aus gerösteter Gerste. Es wird u.a. mit Buttertee zu einer teigähnlichen Masse geknetet und dient als Grundnahrung.

56 Nomadenfamilie mit ihren Tieren vor einem Yakhaarzelt

57 Nomadencamp in der Hochebene von Tingri

58 Tibetischer Junge hält Pferdegespann in einem Dorf bei Tingri in der Nähe des Mount Everest

59 Nonnen bei der Herstellung der Gebetstexte für das Innere der Gebetsmühlen im Nonnenkloster Ani Tshamkhung, Lhasa

60 Hirte mit Schafherde überquert die neue Asphaltspur des Friendship-Highways in der Hochebene von Tingri

62 Mönche des Klosters Labrang bereiten sich vor der großen Versammlungshalle auf die Puja vor, Xiahe, Amdo (heute Gansu)

63 Mönch bei der Rezitation buddhistischer Texte, Kloster Lamaling, Region Kongpo, Südosttibet

64 Alte Holztür des Südklosters in Sakya

65 Das Nordkloster Sakya (4100 m), Zentraltibet

66 Wachwechsel der chinesischen Armee im Potala-Palast, Lhasa

67 Große Versammlungshalle im Roten Palast des Potala-Palastes in Lhasa

68 Tibetische Frauen auf der Kora um den Jokhang-Tempel am Kloster Meru Nyingba, Lhasa
69 Junge Frau mit Baby, Drukla, Kongpo, Osttibet
70 Klostergang des Ramochetempels in Lhasa
71 Blick vom Lawochela-Pass über das alte Königreich Guge und den Sutley-Canyon, Ngari, Westtibet
72 Niederwerfungen vor dem Hauptportal des Jokhang-Tempels, Lhasa
74 Nonne im Nonnenkloster Ani Tshamkhung, Lhasa
76 Dächer des Jokhang-Tempels, Lhasa
77 Butterlampen als Opfergabe im Jokhang-Tempel, Lhasa
78 Neue Straße durch tibetisches Dorf auf dem Weg zum Yading Nationlpark, Kham (heute Sichuan)
79 Straßenhändler unterhalb des Potala-Palastes, Lhasa
80 Pilger im Kloster Seralung am Manasarovarsee, Ngari, Westtibet
81 Pilger im Kloster Seralung am Manasarovarsee, Ngari, Westtibet
82 Mönchsorchester beim Shodön, Kloster Ganden, Zentraltibet
84 Fluss mit Gebetsfahnen am Draksum Tso-See, Kongpo, Osttibet
85 Mönche debattieren im Garten des Klosters Ganden, Zentraltibet
86 Novize im winterlichen Kloster Reting, Zentraltibet
88 Chörten des Klosters Labrang, Xiahe, Amdo (heute Gansu)
89 Tsha-tshas vor einer alten Karawanenstation nahe Toling und Tsaparang, Ngari, Westtibet
90 Alte Nomadin mit traditionellem Haarschmuck auf dem Barkhor, Lhasa
91 Zornige Gottheit im Kloster Drak Lhalupuk, Lhasa
92 Landschaft im trockenen Jangtang, Westtibet
94 Markante Felsen am Südwestufer des Namtso, Tashidor
95 Gebetszettel tragen die Mantras in die Welt, Lhachen La Pass (5150 m), Zentraltibet
97 Großvater mit Enkel auf Pilgerreise am Manasarovar, Ngari, Westtibet
98 Morgendliche Textrezitation im Kloster Reting, Zentraltibet
99 Mädchen in Kongpo, Osttibet
100 Nomaden mit Fuchsfellmütze im Winter bei Yangpachen, Zentraltibet
101 Manisteine und Yakhorn am zugefrorenen Namtso, Zentraltibet
103 Nomadenkinder auf Pilgerfahrt am Manasarovar, Ngari, Westtibet
104 Yaks auf dem Aufstieg zum Dolma La Pass (5660 m) auf der Kailash-Kora, Ngari, Westtibet
105 Nomadin entfacht mit Blasebalg ein Yakdungfeuer, Jangtang, Westtibet
107 Butterlampen als traditionelles Lichtopfer im Kloster Drak Lhalupuk, Lhasa
108 Pilger bei der inneren Umrundung im größten Heiligtum Tibets, Jokhang-Tempel, Lhasa
109 Am Kloster Tagong (Lhagang) rasten Molas, die älteren tibetischen Damen, vor den großen Gebetsmühlen, Kham (heute Sichuan)
110 Tibetische Frau in traditioneller Kongpo-Tracht
112 Shigatse Dzong und Shigatse Old Town von der Kora des Klosters Tashilhunpo, Zentraltibet
113 Älteres tibetisches Paar beim Picknick im Grasland von Tagong oberhalb des Klosters, Kham (heute Sichuan)
114 Trockene Felder im Gebiet des Sutley-Canyon im ehemaligen Königreich Guge, Ngari, Westtibet
115 Festung Tsaparang mit Kloster und Palastgebäuden, ehemaliges Königreich Guge, Ngari, Westtibet
116 Modernes Nomadenleben, Umzug der Schafherde per Truck, Damchung County
117 Kleiner Dorfladen in Ngari, Westtibet
118 Männer beim Shospiel in den Gassen von Lhasa
119 Nomadin vor den Felsen von Tashidor, Namtso
120 Nomadenkinder bei Tingri
122 Tibetischer Maler bei der Arbeit an den neu aufgebauten Klosterabschnitten im Kloster Sungtseling in Gyeltang, Shangrila, Osttibet
123 In der immer noch zerstörten Versammlungshalle des Klosters in Tsaparang wurde eine Ersatzfigur für den zerstörten Shakyamuni aufgestellt, Guge, Ngari, Westtibet
124 Gebetsfahnen vor dem Kang Rinpoche („Schneejuwel"), Mt. Kailash, Westtal von ChokoGompa, Ngari, Westtibet
125 Großer Kumbum von Gyantse, Zentraltibet
126 Viehhirte bei Drigung
128 Tibetische Familie in Kongpo, Osttibet
129 Junge in Tingri
130 Altes Bauernhaus in Kongpo, Osttibet
131 Draksum Tso mit Tsodzong Island, Osttibet
132 Frau in Kongpo-Tracht im Gerstenfeld, Osttibet
134 Gyantse Dzong, Festung, Gyantse, Zentraltibet
135 Tibetisches Dorf nahe Xiangcheng, Kham (heute Sichuan)
136 Beim tibetischen Neujahrsfest auf dem Pombori, Lhasa
137 Tibetischer Junge wirft Gebetszettel zum Neujahrsfest in die Luft, Pombori, Lhasa
139 Alter Fährkahn mit Jeep auf dem Yarlung Tsangpo beim Kloster Samye, Zentraltibet
140 Kloster Chiu Gompa vor dem Kang Rinpoche, Mt. Kailash, Ngari, Westtibet
141 Niederwerfung entlang der Kora um den Mt. Kailash, Dzutrulpuk
142 Erste und älteste Festung Tibets, Yumbulakhang, über dem Yarlungtal, Zentraltibet

144 Rauchopferstelle und Reliquienschrein (Sang) bei Gyeltang, Osttibet (heute Yunnan)
145 Feldstruktur nahe Nyalam, Zentraltibet
146 Puja zum tibetischen Neujahrsfest im Jokhang-Tempel, Lhasa
147 Herstellung einer Vajrapani-Statue, Kloster Repkong, Amdo (heute Qinghai)
148 Niederwerfungen der tibetischen Pilger vor dem Jokhang-Tempel, Lhasa
149 Jokhang-Tempel und Barkhor, Lhasa
150 Thangka, Rollbild des tantrischen Buddhismus, wird nach der Entrollung zurück ins Kloster getragen, Kloster Tsurpu, Zentraltibet
151 Großer Thangka von Drepung, Shotön Festival, Drepung, Lhasa
152 Tibetische Frau im Gebetsmühlengang des Jokhang-Tempels, Lhasa
154 Tibetische Oper im Klosterhof, Lhasa
155 Potala, Winterpalast der Dalai Lamas, Lhasa
156 Mönch bei der Umrundung des Klosters Labrang, Xiahe, Amdo (heute Gansu)
157 Mönche streuen ein Sandmandala zur Vorbeitung einer Feuerpuja, Jokhang-Tempel, Lhasa
158 Auf einem Markt in Lhasa
159 Junger Tibeter zum Pferderennen von Nakchu
160 Hund
161 Kinder neben Verkaufszelt in Posum, Ngari, Westtibet
163 Yakhautboot auf dem Kyichu bei Lhasa
164 Landwirtschaft auf terrassierten Feldern bei Pengyeling nahe Nyalam
165 Berglandschaft nahe Tingri
166 Nonnen in Chubsang, Lhasa
167 Nonnen des Klosters Chubsang stampfen singend eine neue Lehmdecke, Lhasa
169 Bemalte Tür des Klosters Nechung des ehemaligen Staatsorakels bei Lhasa
170 Herbststimmung am Fünffarbensee im Nationalpark Jiuzhaigou (Dzitsa Degu), Kham (heute Sichuan)
171 Schafherden bei Senge Tsangpo, Ali, Ngari, Westtibet
172 Bahnhof der Tibetbahn, Lhasa
173 Kloster Labrang, Xiahe, Amdo (heute Gansu)
174 Namtso im Winter
175 Chörten der Festungsanlage Tsaparang, Guge, Ngari, Westtibet
177 Pool der Heißwasserquellen mit Kraftwerk in Yangpachen
178 Am Morgen umrunden Tibeter den Potala vorbei am Vorplatz mit dem Denkmal zur 50-jährigen Befreiung durch die chinesische Volksbefreiungsarmee, Lhasa
179 Armeeparade vor dem Potala
180 Sonnenuntergang am Kang Rinpoche, Mt. Kailash, Ngari, Westtibet
182 Tibetisches Dorf bei Xiangcheng, Chaktreng, Kham (heute Sichuan)
183 Heiliger Orakelsee Lhamo Latso
184 Nomaden auf einem Fest in Ngari, Westtibet
185 Nomaden am Namtso
186 Wohnhäuser in Lhasa
187 Tibetische Häuser, Architektur im alten Kham im Dorf Joaju Zangzhai mit Feldterrassen, Danba, Kham (heute Sichuan)
188 Offizielles Fest mit einem Großaufgebot an Schülern und anderen Akteueren
189 Soldaten nach dem Aufführen eines Yaktanzes
190 Kloster Reting, Zentraltibet
191 Mädchen in Litang, Kham (heute Sichuan)
193 Truck beim Überqueren des Thorongla Passes vor dem Shisapangma im ersten Morgenlicht
194 Tibetisches Dorf bei Danba, Kham (heute Sichuan)
195 Wilde Straße in der Mekongschlucht, Kham (heute Yunnan)
196 Jahrhunderte alter Wacholderwald bei Reting, Zentraltibet
197 Potala im Winter, Lhasa
198 Weißer Chörten von Toling, Ngari, Westtibet
200 Militärparade vor dem Potala, Lhasa
201 Tibetische Großmutter bei der Niederwerfung vor dem Potala
202 Morgendliche Kora bei eisigen Temperaturen am Kloster Taktsang Lhamo Kirti, Langmusi, Kham (heute Gansu)

Nachsatz
Tibetische Frau im Grasland von Tagong, Kham (heute Sichuan)

Hinteres Umschlagbild
Tibetische Hirtenkinder vorm Yarlung Tsangpo, Shigatse County

Vielen Dank an Bashir Zarif, Yangzom, Tsewang, Christoph Schleidt, Kerstin Engl, Ortlieb Sportartikel GmbH, Uwe Merkel, berglager.de, Magdalene und Jürgen Schubert, Thierry Dodin, Luca, Petra, Dörgje, Werner Schramm, Ursula, Fred, Janette, Gunhild Röth, Tenzin

Außerdem von Olaf Schubert im Kahl Verlag erschienen:
Laos, ISBN 978-3-938916-05-6
Mongolei, ISBN 978-3-938916-00-1

Weitere Informationen zu Olaf Schubert: www.olafschubert.de

1. Auflage, November 2010

Fotos und Texte: Olaf Schubert
Lektorat und Bildredaktion: Petra Kahl
Gestaltung und Satz: Gunhild Röth
Lithografie: Förster & Borries GmbH & Co. KG
Druck: PrinterTrento, Italien

ISBN 978-3-938916-12-4

www.kahl-verlag.de